Roskilde
Kopenhagen
OSTSEE
Reric
Wismar

Silke Vry · Marie Geissler

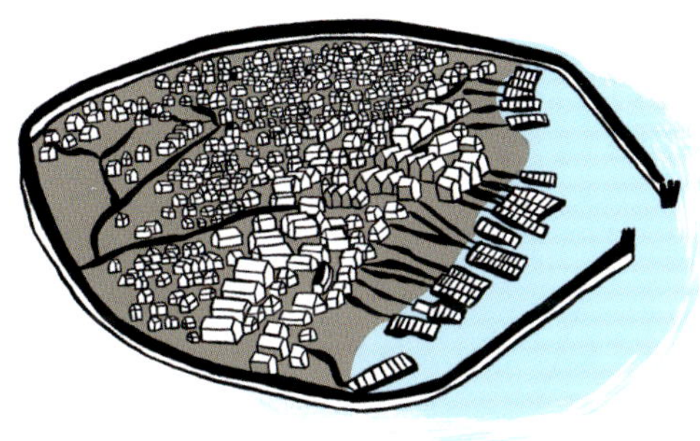

DUSTY DIGGERS

Wilde Wikinger in Sicht

Das Geheimnis von Haithabu

Wikinger gibt's nur noch in Geschichtsbüchern? Von wegen! Wikinger kannst du sogar mitten in Deutschland entdecken. Naja, zumindest kannst du ihnen ganz dicht auf die Pelle rücken. So wie der dänische Archäologe Sophus Müller vor über 100 Jahren: Er rätselte, ob unter einer seltsamen, von einem mächtigen Wall umgebenen Grünfläche in der Nähe von Schleswig vielleicht das sagenhafte Haithabu verborgen liegen könnte. Schon bald machten sich Archäologen darüber her und … tatsächlich! Genau unter ihren Füßen und Schaufeln fanden sie die Reste der mehr als 1000 Jahre alten, gigantischen Wikingerstadt.

Im 3. Band der Dusty Diggers-Reihe lernst du nicht nur die Wikinger kennen, du begegnest außerdem Johanna, der Archäologin mit dem magischen Blick, und vielen anderen spatenschwingenden Wissenschaftlern. Du erfährst, welche Schätze in Haithabu ausgegraben wurden, aber auch, dass die fantasievollen Wikinger Wettkämpfe veranstalteten, bei denen derjenige mit der kunstvollsten, aber schlimmsten Beleidigung gewann.

Genug geplaudert? Dann geht's jetzt endlich los – auf zu den Wikingern!

*Alle Worte mit * findest du hier erklärt*

Ist das ein
Philo-SOPHUS,
oder was?

Der Entdecker

SOPHUS

… komischer Name!

Das ist Sophus. Er lebt in Kopenhagen, in Dänemarks Hauptstadt.
Wir sind im Jahr 1856, da ist der Junge mit dem seltsamen Namen gerade 10 Jahre alt. Schaut man Sophus an, so könnte man meinen, er würde sich nicht sehr von all den in seiner Straße unterscheiden: Wie alle anderen Jungen liebt er zum Beispiel die Holzachterbahn im Tivoli und gute Witze …

Wer aber genau hinschaut, merkt schnell: weit gefehlt! Er ist anders. Allein schon der Vorname – SOPHUS. Kein anderer Junge in seiner Straße heißt so.

SOPHUS hat eine besondere Bedeutung, der Name ist Altgriechisch und bedeutet »WEISE«.

Wer, bitteschön, gibt seinem Kind einen Namen aus der Welt der alten Griechen?

Das tut in dieser Zeit fast niemand. Das ist also mal klar: Sophus ist außergewöhnlich, der Name genauso wie der Junge. Sobald er den Mund aufmacht, erzählt er von früher und davon, wie er sich das Leben in der Vergangenheit vorstellt und was er alles gern entdecken würde. Und was er schon aufgestöbert hat. Zugegeben, viel ist das nicht. Einen alten Knopf vom Kleid seiner Urgroßmutter zum Beispiel, den er zwischen den Holzdielen im Wohnzimmer gefunden hat. Dabei ist die schon seit vielen Jahren tot! Das sind natürlich jetzt erstmal nur Peanuts, aber eine erste klitzekleine Spur in die Vergangenheit.
Das Spannende ist ja: Spuren der Vergangenheit lassen sich überall entdecken. Man muss nur seine Augen offenhalten. Und fest davon überzeugt sein, dass es etwas zu finden gibt. Dann nämlich hat man einen besonderen, geschärften Blick. Dann sieht man Dinge, für die andere vollkommen blind sind.

Sophus ist sich total sicher: Auf jeden Fall gibt es noch vieles zu finden und zu entdecken, noch viel mehr und viel Interessanteres als alte Urgroßmutterknöpfe. Ganz bestimmt verstecken sich in der Tiefe der Erde noch ungeahnte fremde Welten, die nur darauf warten, gefunden zu werden. Dafür müsste man aber nicht zwischen den Holzdielen im eigenen Wohnzimmer suchen, sondern … unter der Erdoberfläche.

Sein großer Traum: Er möchte herausfinden, wie es früher in Dänemark so war. Wie es hier aussah. Welche Menschen hier einmal zu Hause waren. Wie sie lebten. Zum Beispiel die alten Wikinger. So richtig viel weiß man noch nicht über sie. Es kribbelt auf seiner Haut, wenn er sich vorstellt, dass man gar nicht viel bräuchte, um auf deren Spuren zu kommen. Einen Spaten zum Beispiel, um in der Erde nach der Vergangenheit zu graben.
Ob nicht die Menschen immer schon und überall irgendwas verloren, liegen gelassen und vergessen haben? Ganz bestimmt, und sicher nicht nur Knöpfe!

8 Jahre später, also 1864 …

… ist aus Sophus ein junger Mann geworden, der an Kopenhagens Universität studiert. Und was studiert einer, der einen altertümlichen Namen hat und der am liebsten unter die Erdoberfläche blicken würde, um herauszubekommen, was sich dort alles verbirgt? Na klar:

Altertumskunde*.

Manchmal kann er sich in diesen Tagen aber gar nicht so richtig auf seine Bücher konzentrieren. Dänemark ist im Krieg mit Deutschland, denn Deutschland will Schleswig und Holstein für sich haben. Nach 9 Monaten ist der scheußliche Spuk zwar erst einmal vorbei, aber jetzt gehören Schleswig und Holstein nicht mehr zu Dänemark, sondern zu Deutschland.

So was Bekloppptes,

denkt Sophus. Jetzt ist ein Teil von Dänemark nicht mehr dänisch, sondern deutsch, wie blød!

Jahre vergehen und Sophus verfolgt seinen Traum. Zuerst beendet er sein Studium und dann erforscht er immer weiter die Vergangenheit.

Manchmal aber kommt die Vergangenheit ganz von allein ans Tageslicht, wie hier durch einen seltsamen Zufall: 1872 liegt auf der Ostsee-Insel Hiddensee nach einer Sturmflut plötzlich ein Goldschatz der Wikinger am Strand. Eine sensationelle Überraschung! Und in Gokstadt, in Norwegen, finden 2 Jungen beim Buddeln im Boden ein riesiges Wikingerschiff!

Immer wieder sind es die Wikinger, die ihm fröhlich aus der Vergangenheit zuwinken,

so kommt es Sophus vor. Als würden sie mit ihm Verstecken spielen. Überall haben sie ihre Spuren hinterlassen. Und dann die Münzen, die die Bauern ständig beim Pflügen ihrer Felder entdecken, die so genannten Depotfunde* der Wikingerzeit.

Und dann besucht er an einem Tag im Jahr 1898 einen ganz besonderen Ort. Einen, der seit dem blöden Krieg nun leider nicht mehr zu Dänemark, sondern zu Deutschland gehört. Danevirke*, so sagt er dazu.

Es ist weniger ein Ort als ein Wall. Danewerk*, so sagen die Deutschen dazu. Ein Wall zur Verteidigung. Was sonst, denkt er. Dann war das hier wohl damals schon ein umkämpftes Gebiet.

Grübeln muss er vor allem über die große, halbrunde Fläche, die sich an den Wall anschließt. Einige Leute munkeln, der Ort habe einst »Oldenburg« geheißen, also »alte Burg«, und dass sich hier im Mittelalter* ein Militärlager befunden habe.
Sophus schaut sich das Gelände genauer an: Das große Halbrund öffnet sich zum Wasser hin. Und ziemlich genau in der Mitte wird die Ebene von einem sumpfigen Bach durchkreuzt. Es wirkt fast so, als hätte dieser Bach früher eine große Bedeutung gehabt. Rings um das Halbrund befindet sich ein Wall. Das ergibt Sinn, denkt er. Ein Wall dient zur Verteidigung, und ein hoher Wall ist gut, weil man dann höher steht als seine Angreifer.

Den ganzen Tag verbringt er hier. Wandert auf dem Wall entlang und grübelt. Bückt sich immer wieder, wenn ihm komische Dinge auf dem Boden auffallen: Scherben von alten Gefäßen, Spinnwirtel und Bruchstücke von Webgewichten. »Wie bitte?«, denkt er. »Haben die Soldaten gewebt und gesponnen?«, und muss bei dem Gedanken echt lachen. Am Abend ist er sich sicher: Hier war kein Militärlager. Dieser Platz wäre der perfekte Ort für eine Siedlung, eine

Handelsstadt gewesen! Er sieht es ganz genau vor sich. Eine Stadt, gut geschützt im Landesinnern gelegen, gleichzeitig aber auch fast schon am Meer. Außerdem mit einem sicheren Hafen, dessen enge Öffnung man zur Verteidigung ganz leicht versperren konnte. Und trotzdem hätten die Bewohner der Stadt immer Zugang zu frischem Wasser gehabt.

Aber kann das wirklich sein? Wenn hier einmal eine Stadt war, dann müsste er doch schon darüber gelesen haben. In alten Schriften aus dem Mittelalter. Schließlich hat er alles durchforscht, was er zu dieser Gegend finden konnte.

Dann kommt ihm der Erik-Stein* mit seinen rätselhaften Runen* in den Sinn. Der wurde doch ganz in der Nähe entdeckt, erinnert er sich. Nach einigem Suchen findet er ihn – nicht weit von dem Wall entfernt.

Sophus vertieft sich in die rätselhaften Zeichen.

»Aber ja«, ruft er. »Das muss es sein! Das alte Haithabu!«

Und das Herz klopft ihm bis zum Hals. Kaum ist er wieder zu Hause in Dänemark, schreibt er einen langen Brief. Er adressiert ihn an die Museumsdirektorin Johanna Mestorf in Kiel.

»Wenn irgendjemand von meiner Entdeckung erfahren muss, dann Sie!«

Die Museums-direktorin

Eine Woche später hält die Direktorin des »Museums Vaterländischer Altertümer« in Kiel den Brief ihres Kollegen aus Kopenhagen in den Händen. »Ah«, freut sie sich.

»Post vom lieben Sophus Müller!«,

und sie kann es kaum erwarten, ihn zu lesen. Zunächst erkundigt er sich in dem Brief nach ihrem »werten Befinden«.

»Immer muss er so hochgestochen daherquatschen«,

kichert die alte Dame.
Dann liest sie neugierig weiter. Sie hofft, dass ihr der Kopenhagener Professor etwas Spannendes aus der Welt der Archäologie mitzuteilen hat. Ihr Kollege aus Dänemark ist ein kluger Mann und ein großartiger Archäologe*. Er kann nicht nur seinen Kopf gebrauchen, sondern auch seine Augen. Er kann denken UND sehen gleichzeitig. Das kann nicht jeder. Das aber macht aus ihm einen solch guten Wissenschaftler. Darin sind sich die beiden ähnlich. Johanna hat ebenfalls

einen besonders scharfen Blick, und auch ihren Kopf kann sie auf unvergleichliche Art benutzen.

Seit mehreren Jahren ist sie Museumsdirektorin. Sie, als Frau, hat diesen Job ergattert! Gegen alle Männer hat sie sich durchgesetzt. Manch einer von denen hatte ihr das weder zugetraut noch gegönnt. Jetzt ist sie eine der ersten Frauen in ganz Deutschland, die ein Museum leitet.

Was man als Museumsdirektorin machen kann, das besonders clever ist? Da gibt es so manches. Zum Beispiel hat sie schon oft darüber nachgedacht, ob sie ihr Museum umbenennen sollte.

Aber auch sonst macht sie einiges anders, als es üblich ist: Sie ist der Meinung, dass die Vergangenheit erforscht werden muss, damit man erfährt, wie die Menschen früher gelebt haben. Das muss beim Forschen immer der wichtigste Grund sein. Ihre männlichen deutschen Kollegen wollen dagegen lieber schöne Dinge finden. Forschung ist aber keine Schatzsuche, findet Johanna. Sophus findet das auch. Deswegen verstehen sie sich so gut.

Immer wieder entdecken in diesen Jahren Bauern beim Pflügen ihrer Felder Münzen aus der Zeit der Wikinger. »Juhu, ein Schatz!!!«, freuen sie sich. Einige solcher Funde kann Johanna für ihr Museum sichern.

»Oho«, erkennt Johanna und sieht sie auf eine Art, wie das kaum jemand zuvor getan hat: »Das ist nicht einfach nur ein SCHATZ, das ist GELD, mit dem irgendjemand wirklich einmal bezahlt hat. Karolingische* Inlandmünzen, friesische Beischläge* und Hacksilber* kann sie unterscheiden. Und vor ihrem inneren Auge kann sie genau sehen, wie sich die Geschichte rund um diese Münzen abgespielt hat. Sie kann sich vorstellen, wie der Händler mit den verschiedenen Währungen in seinem Geldbeutel unterwegs war. Wie er Waren kaufte und verkaufte, wie er mit allen ins Geschäft kommen wollte, mit Friesen genauso wie mit Wikingern – und mit allen anderen auch. Sie sieht sogar noch mehr: Sie erkennt Spuren von Hammerschlägen auf den Münzen, kleine Ritzen und Einkerbungen, die da eigentlich nichts zu suchen haben.

»Aber ja, klarer Fall!« Auch das zeichnet sich in ihrer Vorstellung ganz genau ab: »Da hat jemand die Echtheit der Münzen überprüft. Ob sie wirklich durch und durch aus Silber

sind. Wer das tut, hat keine guten Erfahrungen gemacht. Der ist schon mal betrogen worden. Na«, denkt Johanna, »das sind ja schöne Geschichten, die sich da in einem einfachen Münzfund abzeichnen.« Das ist Johannas Art! Sie bringt Leben in alte Funde …

Jetzt endlich ist sie beim Lesen des Briefs an der entscheidenden Stelle angekommen. Sophus berichtet da von seinem Ausflug nach Deutschland. Von seinen Beobachtungen, dem Halbkreis und dem Wall und all den anderen Dingen. Und gerät ins Schwärmen, wie er sich diesen Ort ausmalt.

Als Johanna den Brief zu Ende gelesen hat, ist es bereits Abend. Sofort greift sie zu Papier, Tinte und Feder und antwortet: »Mein lieber, verehrter Sophus«, beginnt sie. Dann kommt sie zur Sache und schreibt:

»Haithabu muss ausgegraben werden!«

Als Sophus einige Tage später ihre Zeilen liest, verzieht sich sein Gesicht zu einem breiten Grinsen. »Wunderbar«, denkt er. »Johanna wird also mit ihren Leuten vom Kieler Museum den Ort erforschen.« Und dann denkt er noch: »Was für eine kluge Entscheidung einer außergewöhnlichen Frau!«

Die Archäologen

FRITZ

KURT

HERBERT

Haithabu, 1908

Das ist Fritz. Er ist Archäologe. Hier sieht man ihn, wie er Löcher gräbt, denn er sucht etwas im Boden. Er will etwas finden, das möglichst deutlich und mit lauter Stimme zu ihm spricht und ihm von früher erzählt. Darauf kann er natürlich lange warten, denn: Funde reden üblicherweise nicht. Stattdessen muss ein Archäologe lernen, deren »Sprache« auch ohne Worte zu verstehen.

Natürlich hat Fritz sich nicht einfach so ans Buddeln gemacht. Er ist im Auftrag eines Museums hier.
Er ist der Assistent von Johanna und soll Haithabu erforschen. Die Verantwortlichen in Kiel wollen sich nicht mehr nur auf die wenigen schriftlichen Quellen* verlassen, die es zu dem Ort Haithabu gibt. Frau Professor Mestorf ist eben eine Frau der Tat: Sie will durch Grabungen herausfinden, was hier einmal los war. Die Voraussetzungen dafür sind spitzenmäßig: Nachdem die Stadt wie vom Erdboden verschwunden war, war an dem Ort nie wieder gebaut worden. Und so können die Archäologen auf dem riesigen Gelände überall drauflos graben!
Was für ein seltenes Glück!

Ich hör was!

»Finden Sie heraus, wie es früher dort aussah«,

hat Frau Professor Mestorf Fritz 1901 aufgefordert. Und so hat er während der letzten 7 Jahre zahllose Gruben ausgehoben und auch schon einige Gräber* geöffnet. Dieser Ort muss einmal eine gigantische Stadt gewesen sein. Hier steppte der Bär. Das kann man allein schon aus all den Sachen schließen, die er aus dem Boden geholt hat.

Fritz hat festgestellt: Im Bereich des Ufers war der Boden seit einer Ewigkeit von Wasser bedeckt. Das bedeutet: Überirdisch ist zwar alles verrottet, also weg und futsch, aber unter der Erdoberfläche hat sich sogar das Holz gut erhalten. Er gräbt die Grundrisse von Häusern aus, findet Wege, Zäune, Brunnen und vieles andere mehr. Eine erste Bestätigung dafür, dass hier einmal eine ganze Stadt unter der Erdoberfläche verschwunden ist.

So verrückt das klingt, aber am meisten erfährt man über die Lebenden von damals, wenn man in ihre Gräber blickt. Aber würde das irgendjemand freiwillig tun? Gräber öffnen, Skelette finden und Totenköpfen in die leeren Augenhöhlen starren? Sein trauriges Schicksal als Archäologe: Ständig lernt Fritz Menschen kennen, die schon seit Jahrhunderten nur noch aus Knochen bestehen. Wenn überhaupt!

Während er den Blick über die riesige, noch nicht ausgegrabene Fläche schweifen lässt, seufzt er:

Ich kenn nur Flachwitze!

»Flachgräber*, überall Flachgräber.«

Jetzt steht er südlich des großen Halbkreiswalls, wo der sandige Boden an einigen Stellen etwas aufragt. Es sieht aus wie ein großes Oval. Genau diese Stelle hat er sich zum Graben ausgesucht. Was er hier erwartet? Gräber natürlich, wie er schon viele gefunden hat, und darin Skelette. Und trotzdem kommt ihm dieser Bereich eigenartig vor.

»Flach« ist er nicht. Hier ist etwas aufgehäuft. Er hat nicht den blassen Schimmer einer Ahnung, was das sein könnte! »Abwarten und Wikinger-Tee trinken«, denkt er sich, als seine Helfer und er damit beginnen, ihre Hacken in den Boden zu hauen. Immer wieder unterbricht Fritz seine Arbeit, weil ihm beim Graben kleine metallene Teile auffallen. Jedes einzelne Teil angelt er mit spitzen Fingern aus dem Boden und notiert den Fund und seinen genauen Fundort* in einer Zeichnung.

»Muss das sein«, murrt einer seiner Helfer missmutig. So graben wir ja in 100 Jahren noch hier!«

*100 Jahre ausgraben???
Da schuftest du dich
ja krumm und bucklig!*

»Ja«, sagt Fritz streng. »Das muss sein. Lieber 100 Jahre graben, als 1000 Jahre wegschmeißen!«

Plötzlich erzeugt die Hacke beim Graben ein seltsames Geräusch. Fritz gibt sofort das Zeichen, alle groben Geräte fallen zu lassen und nur noch mit feinen Werkzeugen weiterzuarbeiten. Ihre metallenen Hacken sind auf Holz gestoßen, daher kommt der seltsame, hohle Klang. Jetzt müssen sie SEHR vorsichtig sein.
Und so gehen sie ganz langsam, Zentimeter für Zentimeter, in die Tiefe. Dabei legen sie einen hölzernen Gegenstand frei, der sich – je tiefer sie kommen – als große hölzerne Kammer entpuppt, 4,5 Meter lang, 2,5 Meter breit und 2 Meter tief.

»Das ist endlich mal etwas anderes als die Flachgräber«,

denkt Fritz.
Im Innern der Kammer entdecken sie verschiedene Rüstungen und Waffen. Also handelt es sich wahrscheinlich um das Grab von Kriegern. Und gar nicht weit entfernt davon sind 3 Pferde beerdigt, wahrscheinlich die Reittiere der Toten.

Fritz kommt ein Gedanke und er betrachtet noch einmal die metallenen Gegenstände, die er zuvor gefunden hat. – Na klar! Das sind die Nieten, mit denen das Holz zusammengeklammert war. Die letzte Ruhestätte der Krieger war von einem 20 Meter langen Kriegsschiff zugedeckt!

Dann legen sie noch eine etwas kleinere Kammer frei. Und während Fritz und seine Helfer vorsichtig eine Schicht nach der anderen abtragen, können sie kaum fassen, was jetzt ans Tageslicht kommt: ein silbernes Prunkschwert, Schilde, verzierte Pfeile, prächtiges Tafelgeschirr und noch vieles mehr.

In den folgenden Wochen und Monaten legen er und seine Helfer das ganze Boot und das darunterliegende Grab frei.

Fritz ist mehr als erstaunt. Nie zuvor hat er von einem ähnlichen Grab gehört, bei dem die Toten UNTER einem Schiff beerdigt worden sind. Ganz bestimmt gehörte dieses Grab sehr wichtigen Personen. Vielleicht einem Herrscher und seinem Gefolge? Naja, denkt Fritz, das können ja vielleicht die Archäologen herausfinden, die nach mir kommen.

Fritz gräbt 7 weitere Jahre in Haithabu und kehrt dann noch einmal im Jahr 1921 dorthin zurück.
Er entdeckt noch viel, aber das Bootkammergrab* bleibt sein spektakulärster Fund. So richtig interessiert sich dafür aber erst einmal niemand …

Haithabu, 1933

Furchtbare Zeiten brechen an: Die Nationalsozialisten* übernehmen die Macht in Deutschland. Das bekommt sogar unsere Wikingerstadt zu spüren: Haithabu wird nun zu einem Kulturdenkmal* erklärt. Deswegen ist plötzlich viel Geld für Ausgrabungen da und alle hören ganz genau hin, wenn es um die Grabungen in Haithabu geht. Das klingt erst einmal gut, die Idee ist aber genauso dumm wie es die Nationalsozialisten sind: Ihr Interesse gilt nämlich gar nicht Haithabu oder den Wikingern, sondern den Germanen* ganz allgemein. Die haben doch alle da »oben« und ungefähr zur selben Zeit gelebt, so ihre verschwommene Vorstellung. Die Nationalsozialisten bewundern die Germanen, weil sie meinen, dass die doch so stark, mutig und allen anderen überlegen waren. Sie denken sich heimlich:

»Einfach mal buddeln lassen, die Archäologen. Und wenn wir es ihnen befehlen, wird das, was sie da entdecken, schon germanisch sein ...«

So weit, so schlecht.

Einer dieser Archäologen ist Herbert. Er ist einerseits ein sehr guter Wissenschaftler, andererseits aber ein Dummkopf, denn er dient den Nazis. Um weiter arbeiten zu können und Karriere zu machen, schließt er sich ihnen an.

»Sie wollen Germanen? Sie kriegen Germanen«,

sagt er sich.

Herbert bekommt die Aufgabe, die Arbeiten in Haithabu zu leiten. Was ihn besonders auszeichnet: Er beherrscht die Technik des Grabens richtig gut. Beim Ausgraben geht es nämlich nicht nur darum, im Boden zu buddeln, bis man auf irgendetwas stößt. Man muss schon ganz genau überlegen, wie und wo man gräbt und wie weit und wie tief.

»Zuallererst muss ich mir ein Bild machen«, sagt er sich. Und noch während er das denkt und seinen Blick über das Gelände schweifen lässt, bricht ihm der Schweiß aus. »Wie soll das denn gehen – bei DEM riesigen Gelände?« Sollte er vielleicht – wie seine Vorgänger – einfach hier und da einige Gruben ausheben? ... AUF GAR KEINEN FALL! Stattdessen lässt er seine Leute damit beginnen, 2 gigantische Suchgräben quer durch die Stadt zu graben. Einer führt von Ost nach West, der andere von Nord nach Süd. Damit kann er die ganze Stadt einmal durchschneiden wie eine riesige Torte.

Das riesige Grabungsprojekt dauert zwar fette 5 Jahre, bringt aber den Erfolg, den Herbert sich erhofft hat: Die ganze Fläche innerhalb des Walls stand einmal voller Häuser. Also war das hier mal eine riesige Stadt! Und er kann auch erkennen, dass der Bach eine wichtige Rolle spielte: Alle Häuser waren an ihm orientiert. Und kaum ein Haus glich dem anderen.

Mithilfe der Gräben gelingt ihm noch etwas anderes: Er kann die Stellen, an denen er ohne viel Aufwand in die Tiefe gehen kann, schnell finden. Da die Erde über der ganzen Stadt unterschiedlich dick ist – mal ist die Schicht 2 Meter, manchmal nur 20 Zentimeter stark – wäre er ja schön blöd, wenn er einfach irgendwo drauflos graben würde.

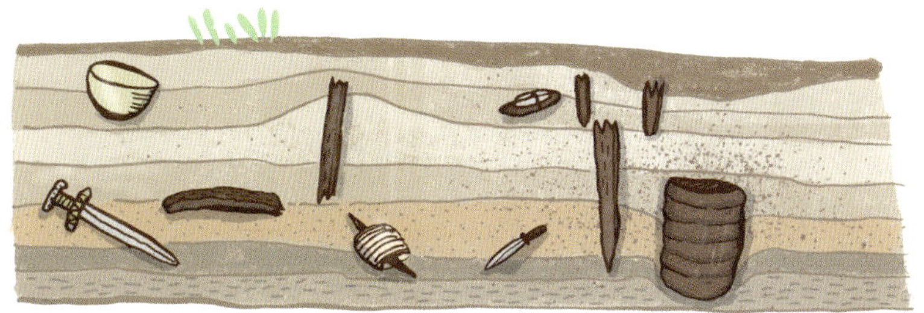

Blickt er aber auf die Wand seines Suchgrabens, sieht er sofort, wo er graben muss. Und genau so macht er es.

Eines Tages kommt Helmer aus Finnland zu Besuch. Er ist auch Archäologe und hat von der gigantischen Grabung im Norden Deutschlands gehört. Da sein Spezialgebiet das Mittelalter ist, interessiert er sich brennend für die neuesten Grabungsergebnisse. Herbert schlägt ihm vor, eine kleine Grabung innerhalb des großen Geländes zu übernehmen. Und so gräbt Helmer auf einer Fläche von 5 x 5 Metern zwischen den ganzen Flachgräbern. Was er im Sommer 1939 aus dem Boden holt, ist sensationell und Herbert staunt nicht schlecht, was seinem Kollegen aus Helsinki da innerhalb von nur 2 Wochen gelingt. Lauter prächtige Schmuckstücke, darunter sogar welche aus purem Gold, holt er in einer Tiefe von nur 50 Zentimetern aus dem Boden!

Doch dann passieren furchtbare Dinge. Deutschland löst den Zweiten Weltkrieg aus und Helmer muss zusehen, schleunigst das Land zu verlassen, solange das überhaupt noch möglich ist. Aber eines weiß er so sicher wie das Amen in der Kirche: Irgendwann wird hier jemand weitergraben. Vielleicht er, vielleicht jemand anderes. Also bedeckt er seine Grabung mit einigen Schichten Dachpappe und verteilt darauf mehrere Lagen Sand und Erde. Und dann nimmt er die Beine in die Hand und reist so schnell er kann zurück nach Finnland.

Und Herbert sorgt dafür, dass sein Buch über die neusten Forschungen erscheint. Er nennt es:

Öh! Und wo bleiben die Wikinger?

»Haithabu – eine germanische Stadt der Frühzeit«.

Und dann ist erst einmal Schluss. Der blöde Krieg macht allen einen gewaltigen Strich durch die Rechnung.

Und wie geht's danach weiter?

Der Krieg dauert viel länger als gedacht, 6 furchtbar lange Jahre. Danach interessiert sich erst einmal niemand für die Vergangenheit. Die Menschen haben andere Sorgen und wollen sich nicht auch noch die Köpfe über kriegerische Wikinger zerbrechen.

Bis in Haithabu also wieder der Boden von ausgrabenden Archäologen bebt, vergehen viele Jahre …

… und dann kommt Kurt. Er wird der neue Ausgrabungsleiter von Haithabu.

Viele Jahre davor hatten Taucher im Hafen das Wrack eines Wikingerschiffs entdeckt. Jetzt endlich lässt Kurt es bergen. Dazu kommt der Schiffsarchäologe Ole extra aus Dänemark angereist. Er ist Spezialist darin, alte Schiffe aus dem Wasser zu holen. Genau das macht er auch hier: Die »Haithabu 1« gilt 20 Jahre lang als das größte Wikingerschiff der Welt!

Im Lauf der Jahre keimt in Kurt eine grandiose Idee auf: Haithabu müsste zu neuem Leben erwachen. Wie wäre es, wenn genau hier ein Museum entstehen würde? Und rekonstruierte Häuser, die haargenau nach den archäologischen Befunden errichtet werden würden?

Genau dort, wo sie auch früher standen. Jeder könnte hineinspazieren, sich darin umsehen und in die Welt der Wikinger zurückversetzt werden. Und auch die »Haithabu 1« braucht doch ein Dach über dem Kopf!

Dass sein Traum längst Wirklichkeit ist? Das kann jeder sehen, der nach Haithabu kommt.

Natürlich ist Kurt nicht der letzte Ausgräber. Noch so viele kommen nach ihm und geben alles – Sven, Britta, Mahmoud, Jasmin und wie sie alle heißen – treten in Sophus' und Johannas Fußstapfen und ergraben, wie die Menschen hier früher gelebt haben. Neue Messmethoden kommen zum Einsatz. So kann die gesamte Siedlung untersucht werden, ohne dass auch nur ein Krümelchen Erde bewegt oder auch nur ein Teil zerstört wird, wie es sonst bei Ausgrabungen üblich ist. Geomagnetische Prospektion* heißt das Zauberwort. Brunnen werden ausgegraben, Grubenhäuser erforscht.

Und dann eine Sensation: Als Archäologen ein Gräberfeld öffnen und auf Dachpappe stoßen, ahnen sie: Das muss die Grabungsfläche sein, die Helmer aus Finnland vor 78 Jahren angelegt hat. Unfassbare 12.000 Fundstücke, darunter Goldschmuck und Edelsteine, kommen zum Vorschein.

DIE WIKINGERSIEDLUNG

was?

Haithabu war eine bedeutende Wikingersiedlung und ein wichtiger Handelsort

wann lebten hier Menschen?

von etwa 770 bis etwa 1066 n. Chr.

wie groß?

26 Hektar, das entspricht etwa 26 Fußballfeldern; umgeben war die Siedlung von einem 9 Meter hohen Wall. Hier lebten etwa 1000–1500 Menschen

was geschah mit Haithabu?

Haithabu ging »unter«. Erst wurde es zerstört. Als der Wasserspiegel von Ostsee und Schlei stieg, verfiel es und wurde nicht wieder aufgebaut. Die Einwohner siedelten sich in Schleswig an, am gegenüberliegenden Ufer der Schlei

HAITHABU

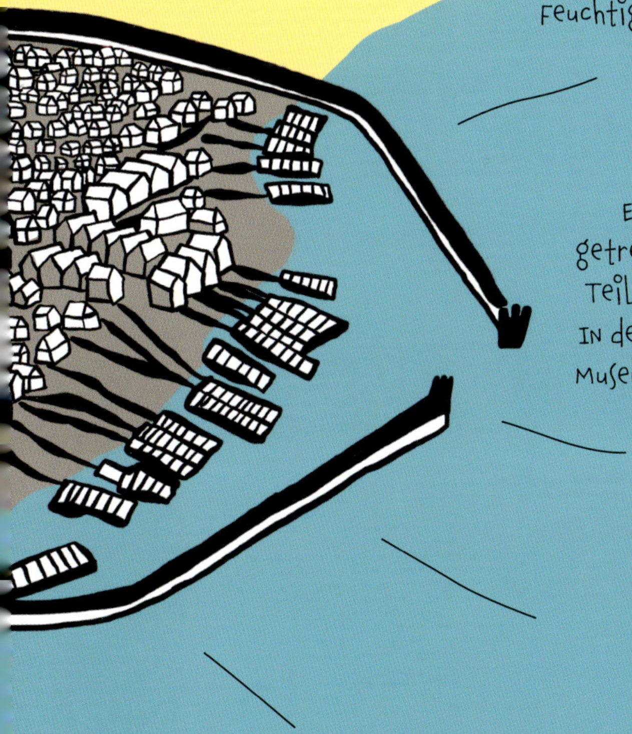

wie erhalten?

Oberirdisch war der Ort verfallen; unterirdisch haben sich – durch die Feuchtigkeit des Bodens – Holzreste gut erhalten

was ist dort jetzt?

Einige Häuser wurden detailgetreu rekonstruiert. Ein großer Teil ist noch nicht ausgegraben. In der Nähe gibt es das »Wikinger Museum Haithabu«; außerdem das »Danevirke Museum«

wann entdeckt?

1897 durch Sophus Müller, ab 1900 durch Grabungen bestätigt

das Besondere?

Der Ort ist so einmalig, dass er zum Welterbe der UNESCO* erklärt wurde. Hier sieht man anschaulich, wie die Menschen im frühen Mittelalter gelebt haben

Die Fachleute

Hallo, ihr Wikingerfans! Mein Name ist Agneta und ich bin Stadtforscherin. Mein Spezialgebiet: mittelalterliche Städte im Norden.

Gähnt da jemand? Also, ich muss doch wirklich bitten ...

Mich interessiert die Frage: Wie wurde Haithabu zur größten Stadt Nordeuropas und blieb es satte 200 Jahre lang? Was genau lief hier anders als anderswo? Vieles haben Archäologen und Historiker inzwischen schon herausbekommen: Klar ist, dass Haithabus Erfolgsgeschichte mit dem dänischen König Göttrik begann. Der hatte im Jahr 808 zunächst den kleinen Ort Reric, in dem viele Kaufleute lebten, kurz und klein schlagen lassen. Die Kaufleute verschonte er, um sie in Haithabu anzusiedeln. Das beweist ja, dass König Göttrik in Haithabu mehr als nur eine mittelalterliche Hotdog-Bude gesehen hat. Nämlich einen vielversprechenden Ort, der nur noch

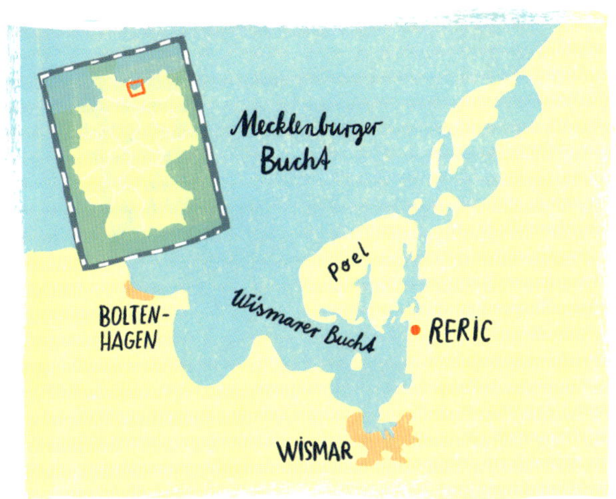

Das liegt ja echt am Arsch der Heide!

einen kleinen Schubs brauchte, damit er richtig groß und bedeutend wurde.
Schwer zu sagen, was die neuen Siedler davon hielten, dem Befehl des Königs zu folgen, um dann in der Einöde leben zu müssen – zwischen Sümpfen, Wäldern, Heide und Moor. Naja, egal. Auf jeden Fall machten sie das Beste draus, denn ab sofort fing der Ort an, zu wachsen und sich prächtig zu entwickeln. Und viele, viele Jahrzehnte später war aus der Siedlung eine Megacity geworden, eine gigantische Stadt und ein wichtiger Handelsort.

Ja, gigantisch, sage ich. Zugegeben, einen Ort mit 1500 Einwohnern würde man heute eher als Kaff oder Dorf bezeichnen. Im Mittelalter aber war eine Siedlung mit so vielen Menschen hier im Norden eine Riesenstadt!
In Haithabu arbeiteten Menschen, handelten, verdienten Geld, konnten sich Dinge kaufen. Und regelmäßig trafen sich hier Leute aus der ganzen Welt, denn dieser Ort war ein wichtiger Warenumschlagplatz*.

Vor allem aber lief hier das Leben anders ab als auf dem Land, wo jeder nur das produzierte, was er selbst zum Leben brauchte: Wer Eier wollte, legte sich Hühner zu. Wer Fleisch wollte, stellte sich eine Kuh vors Haus. Wer Brot essen wollte, pflanzte Getreide. Mal einfach ausgedrückt.

Wer damals das erste Mal nach Haithabu kam, ist sicher aus allen Wolken gefallen, wie man so leben konnte. Etwas Entscheidendes war hier anders als auf dem Land: Nicht jeder musste das, was er zum Leben brauchte, selbst produzieren. Hier wurden spezielle Dinge von Spezialisten hergestellt, heiß begehrte Waren, die gleich verkauft werden konnten: Schmuck, Kämme, Perlen, schön bemalte Töpfe, feine Stoffe. Ein solches städtisches Leben kommt uns heute so selbstverständlich vor. Kaum vorstellbar, dass es jemals anders war, oder?

Um über eine Stadt etwas herauszubekommen, brauche ich manchmal gar nicht viel: Irgendwann fanden die Ausgräber im Boden die Reste von Zäunen. Vielleicht jammert jetzt jemand:

»Och, bloß so blöde alte Zäune, wie langweilig!«

Tja, wer so denkt, denkt wie ein Schatzsucher und nicht wie ein Wissenschaftler.
Ich, als Stadtforscherin, kann in Zaunresten nämlich viel mehr erkennen als einfach nur verrottetes Holz. Wer Zäune erkennt, erkennt nämlich Grundstücke. Und wer ein Grundstück erkennt, sieht, wo eine Familie zu Hause war und wieviel Platz sie hatte. Und wer das erkennt, kann ausrechnen, wie viele Menschen hier einmal gelebt haben. Und wenn man dann noch erkennt, dass Zäune ganz lange an derselben Stelle gestanden haben, dann kann man daraus schließen, dass Grundstücke vererbt wurden.
All das konnte ich hier in Haithabu erkennen. Von wegen langweilige Zäune! Zäune können ganze Geschichten erzählen …

Ich hoffe, die hat noch alle Latten am Zaun!

Hallo, mein Name ist Bengt und ich bin Spezialist für Schiffe.

Wikinger OHNE Schiffe? Undenkbar! Ohne Schiffe wären Wikinger gar keine echten Wikinger gewesen.

Wikinger und Schiffe gehören zusammen wie Pech und Schwefel, wie Mord und Totschlag!

Wikinger bauten die besten Schiffe, die es jemals gab. So perfekt, dass wir Experten noch immer ungläubig davorstehen und staunen.
Wie sonst hätten sie denn auf ihre Beutezüge gehen sollen?
Wie hätten sie ohne Schiffe neue Länder jenseits der großen Meere entdecken können?
Oder in den Krieg ziehen?
Zu Fuß vielleicht?

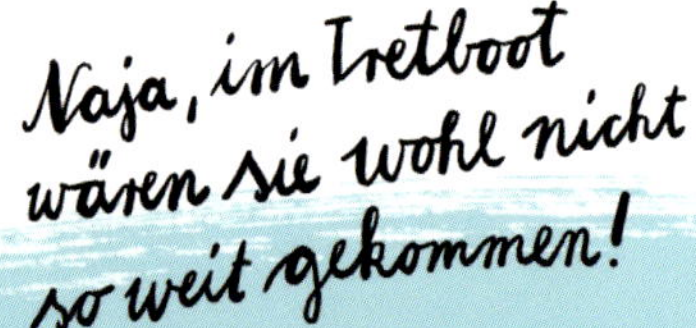

Die alten Wikinger bauten die fantastischsten Schiffe. Allein ihre Kriegsschiffe! Ich könnte stundenlang schwärmen – von ihrer Schnelligkeit, ihrer schönen Form … Naja, zumindest, solang kein wütender Wikinger drinsaß.

Sie brauchten Schiffe aber für noch etwas anderes: für den Handel quer über die Meere. Ohne ihre Schiffe hätten sie gar nicht solch geniale Händler werden können, denn auch als Kaufleute mussten sie jeden Ort erreichen können.

Keines ihrer vielen Schiffe glich dem anderen, aber ein paar Dinge waren doch ähnlich: Ihr Rumpf war aus Holzklinkern gebaut, der Kiel war niedrig, und Vorder- als auch Achtersteven* waren hochgeschwungen, und dabei wunderschön. Es gab Schiffe für den Krieg, welche zum Fischen, es gab Fähren, Binnenschiffe und natürlich Frachtensegler.

Der größte von ihnen, die Knarr*, konnte sage und schreibe bis zu 24 Tonnen laden, das entspricht dem Gewicht von 5 Elefanten – FÜNF Elefanten! Und das im 9. Jahrhundert!
Um genügend Platz für Waren zu haben, waren sie breit und hochbordig* gebaut. Das machte sie tragfähig. Und seetauglich, nicht etwa für Seen, sondern für die HOHE See, das MEER. Schnelligkeit spielte – anders als bei Kriegsschiffen – gar keine Rolle: Ob die Ware nämlich früher oder später ihr Ziel erreichte, war letztendlich egal. Deshalb fuhren diese Schiffe mit weniger Ruderern, dafür vor allem mit Windkraft, also meistens unter Segeln. Der Platz, der so eingespart wurde,

konnte als Lagerraum genutzt werden oder für die Händler, die ja zusammen mit ihren Waren verreisten.
Ein Handelsschiff musste aber auch flusstauglich sein. Also möglichst flach, um bei Bedarf auch an Stränden anlegen zu können. Wenn ein solches Schiff dann außerdem noch mega aussah, dann hatten die Wikinger alles richtig gemacht. Dass Wikinger sogar tot nicht ohne ihre Schiffe sein wollten? Dafür ist der Bootsfund von 1908 ein tolles Beispiel. Wer es sich leisten konnte, nahm sein Schiff eben mit ins Grab.

Aber, Leute, noch ein paar Worte zum Hafen, und das ist jetzt garantiert kein Seemannsgarn. Die Jungs und Deerns von der Archäologie haben einiges herausgefunden: Ganz am Anfang mussten die Schiffe noch an Land GEZOGEN werden. Echte Knochenarbeit, sage ich euch! Später wurden kleine Holzstege gebaut. Das machte die Sache entschieden einfacher, denn so konnten die Schiffe direkt im Hafen »parken«. Und wofür nutzten die Leute ihren Hafen sonst noch? Als MÜLLDEPONIE! Schmissen immer ihren Abfall hinein. Hörten auch nicht damit auf, als der Hafen vollgemüllt war.

Und was machten sie, anstatt in ihrem Hafen mal richtig für klar Schiff zu sorgen? Verlängerten einfach ihre Stege weiter raus aufs Wasser. Zack, Problem gelöst! Mit diesen gigantischen Stegen wurde es dann echt bequem und nun konnten auch richtig fette Handelsschiffe anlegen.

Noch mal später wurden die Stege alle miteinander verbunden. Jetzt plumpsten auch nicht mehr ständig Leute zwischen den Stegen ins Wasser, sobald es da mal hoch herging. So entstand hier eine riesige Plattform – klasse, oder? Wurde dann auch schnell zu einem beliebten Treffpunkt. Nein, nicht zum Chillen mit coolen Drinks, sondern zum Arbeiten, für Händler und Marktleute. Hier war immer was los, denn ständig legten Handelsschiffe an und ab. Und irgendwann entwickelte sich diese Plattform zu Haithabus Marktplatz.

Worauf ich mich freue? Das verrate ich euch: Wenn irgendwann das gigantische Handelsschiff aus Haithabus Hafen geborgen wird, das Taucher da 1979 entdeckt haben, dann will ich dabei sein. Noch liegt es im Schlamm verborgen …

Die Wikingerzeit

Ich bin's, Sonja. Ich bin Archäologin.

Tja, Sophus Müller wäre echt glücklich, wenn er uns hier sehen könnte. Hat er doch tatsächlich richtig gelegen mit seiner genialen Idee, dass hier das alte Haithabu ist!

Und Johanna Mestorf? Auch die hätte sicher ihre pure Freude an unserer Arbeit. »Wie lebten die Menschen damals«, hatte sie wissen wollen. Das haben wir inzwischen erforscht, und machen aber natürlich auch noch weiter. Und – ganz in ihrem Sinne – steht auch bei uns der Mensch im Mittelpunkt ...

Wir wissen schon lange, wo genau die Menschen in Haithabu wohnten, wo ihre Häuser standen und wie die aussahen. Mehrere haben wir rekonstruiert, also wieder aufgebaut. Die Grundrisse, die die Archäologen beim Graben im Boden entdeckt haben, sind sehr spannend! Wir konnten erkennen, dass es Häuser gab, in denen die Menschen zusammen mit ihrem Vieh lebten. Das klingt vielleicht eklig, war aber aus vielen Gründen auch praktisch: Allein schon, weil es auf diese Weise alle immer kuschelig warm hatten.

In einigen solcher Häuser gab es gleich neben der Küche noch eine kleine Werkstatt, in der eifrig gearbeitet wurde.

Homeoffice im Mittelalter, yeah!

Wir wissen, dass die Menschen ihr Trinkwasser aus diesem Bach holten und hier auch ihre Wäsche wuschen. Wir entdeckten aber auch Brunnen, also tiefe, eingefasste Löcher, durch die man ans Grundwasser kam. Was das bedeutet? Vielleicht das: Irgendwann war der Bach verdreckt, weil jeder seinen Mist hineinkippte. Daraus trinken mochte keiner mehr. Also mussten Brunnen gegraben werden. Umweltverschmutzung war also auch schon ein Thema, kein Wunder, haben die Wikinger doch auch ihren Abfall einfach in den Hafen geschmissen!

COOL: Frauen mit langen Röcken, Männer mit kurzen!

Auch ganz empfindliche Dinge konnten wir an einigen Stellen aus dem Boden retten: Stoffe und Leder. So konnten wir Klamotten und Schuhe rekonstruieren! Damit ist es ganz leicht, sich die Menschen von damals vorzustellen!

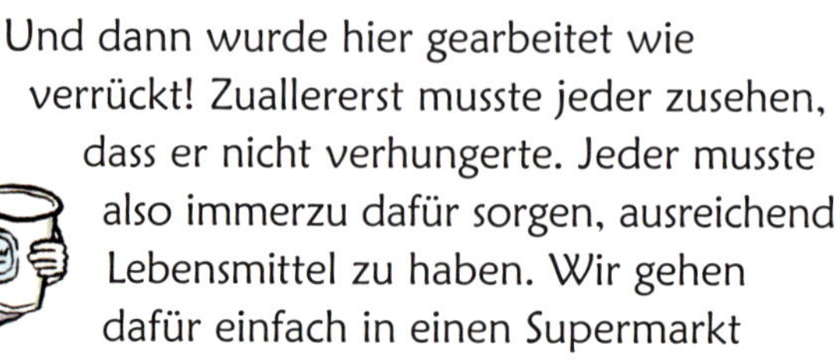

Und dann wurde hier gearbeitet wie verrückt! Zuallererst musste jeder zusehen, dass er nicht verhungerte. Jeder musste also immerzu dafür sorgen, ausreichend Lebensmittel zu haben. Wir gehen dafür einfach in einen Supermarkt

Oder noch einfacher: zum Kühlschrank!

und wissen: Immer ist alles da, was wir brauchen.

Wenn nicht gerade Klopapier alle ist …

Obwohl das Leben hart war, haben die Leute die wunderschönsten Dinge hergestellt. Es gab viele Handwerker*: Drechsler, Böttcher, Holzschnitzer, Zimmerer, Steinmetze, Metallgießer, Schmiede, Töpfer, Weber, um nur einige zu nennen … und alle produzierten Sachen, die uns beweisen, wie unglaublich geschickt und kultiviert sie waren, die Frauen und Männer der Wikingerzeit – von wegen wilde Raufbolde!!

Um solche Dinge herzustellen, braucht man – klar, ein geschicktes Händchen, besser sogar zwei, hihi – aber vor allem Rohstoffe: Holz, Stein, Metall, Ton, Wolle zum Beispiel. All das zu bekommen, war gar nicht so leicht.

Aber Haithabu war eben eine ganz besondere Stadt! Dazu muss man sich nur einmal ansehen, wo Haithabu genau liegt. Und sich dann diese Frage stellen: Wie gelangt man von A (Ostsee) nach B (Nordsee)? Kleiner Tipp:

NICHT etwa mit dem Finger auf der Landkarte, sondern mit einem Schiff.

Tja, auf den ersten Blick scheint es so zu sein, als müsste man dafür einmal ganz Dänemark umrunden. Nicht gerade ein Katzensprung … Es gab allerdings noch eine andere Möglichkeit, und die verlief genau durch Haithabu. Wer also abkürzen wollte, der segelte die Schlei rauf und kam dann unweigerlich nach Haithabu. Dort endete der Wasserweg, hier mussten die Waren runter vom Schiff und alles wurde schon mal ausgepackt und angeboten. Sensationell!!

Hier kreuzten sich die großen Handelsrouten des Nordens mit der alten Fernstraße, die von Sachsen bis nach Jütland führte. Durch Haithabu ging alles, was in Nordeuropa an Edelsteinen, Gewürzen, Pelzen, Daunen, Walrosselfenbein, Weinfässern, Gold, Münzen, Rentiergeweihen – und was weiß ich noch alles – auf dem Weg war. Das war fast so etwas wie ein Containerterminal des Mittelalters. Hier kamen Waren aus Konstantinopel, Bagdad, Taschkent und allen möglichen anderen Orten an.
An der Ostseeküste lagen noch andere wichtige Handelszentren, Staraja Ladoga, Birka, Roskilde und Ribe zum Beispiel. Alle standen miteinander in Kontakt, aber Haithabu war ganz besonders, denn Haithabu war ein Warenumschlagplatz:

Was hier nicht verscherbelt wurde, kam auf Ochsenkarren. Und der Besitzer der Waren zuckelte 18 Kilometer auf dem Ochsenweg nach Westen bis zum heutigen Ort Hollingstedt. Da lagen auf dem Fluss Treene die Schiffe, die ihn weiter – über die Eider – Richtung Nordsee brachten.

Wer zum ersten Mal nach Haithabu kam, stand wahrscheinlich erst einmal nur staunend und mit offenem Mund da. So eine riesige, lebhafte Stadt! So viele Menschen, so viele Häuser, so ein Gestank und Dreck, und so viele

Handwerksbetriebe! Dass genau hier eine solche Großstadt entstanden war, ist kein Wunder: An so einem Warenumschlagplatz gab es nicht nur seltene Waren zu kaufen, hier gab es alles, hier gab es Arbeit, hier trafen sich Menschen. Sie handelten miteinander, kauften und verkauften. Menschen aus der ganzen Welt machten hier ihre Geschäfte. Frage ich Leute nach den Wikingern, bekomme ich ganz verschiedene Sachen zu hören …

Jeder sieht etwas anderes, wenn er »Wikinger« hört. Aber Vorsicht: Einiges davon hat mit den echten Wikingern gar nichts zu tun. Zum Beispiel die Sache mit den Hörnerhelmen. Kein Wikinger wäre auf die Idee gekommen, einen solch albernen, unpraktischen Helm zu tragen! Archäologen haben zwar schon so manchen Helm aus der Wikingerzeit ausgegraben, aber Hörner waren da nie dran.

Und dass sie nur auf Beutezüge aus waren, stimmt natürlich auch nicht … Vergessen wir also den Quatsch und sprechen über Fakten. Nach den Wikingern wurde ein ganzes Zeitalter* benannt, genau, die so genannte Wikingerzeit. Ist gar nicht selbstverständlich.

Das geschah erst gegen Ende des 19. Jahrhunderts, als Wissenschaftlern langsam klar wurde, dass da im mittelalterlichen Skandinavien ganz schön viel los gewesen sein musste … So weit, so gut, aber jetzt kommt's:

Es gibt ja schließlich auch kein Zeitalter der Schulschwänzer.

Das Wort »Wikinger« bezeichnete ursprünglich einen bestimmten ZUSTAND.

So wurde nämlich nur dann jemand genannt, wenn er sich gerade auf einem räuberischen Beutezug befand. Alle anderen, also die Frauen der Beutefahrer und die Kinder waren nach dieser Definition gar keine Wikinger. Wie gesagt: ursprünglich, also vor rund 1000 Jahren.

Wenn aber in der Wikingerzeit nichts anderes passiert wäre, als dass ein paar wildgewordene Männer (und vielleicht auch Frauen?) warum auch immer als Räuber losgezogen wären: Ob dann gleich ein ganzes Zeitalter nach ihnen benannt worden wäre? Natürlich nicht! Aber die Menschen, die damals in Dänemark und ringsum lebten (und die wir heute allesamt »Wikinger« nennen), hatten so manches auf dem Kasten.

Wikinger gelangten als erste nach Amerika, lange vor Kolumbus*! Wikinger, die sich als wagemutige Siedler und Kaufleute in unbekannte Gegenden vorwagten. Ihre Schiffe machten sie unschlagbar. Außerdem waren sie begnadete Handwerker und Saga*-Erfinder.
Und dann gibt es den Wikingerkönig Harald Blauzahn, der heute noch total up-to-date ist: Bluetooth*! Benannt nach Blauzahn, der damals berühmt war für seine Kommunikationstalente. Und aus seinen Initialen, HB, als Runen übereinandergeschrieben, entstand das hier, das Bluetoothzeichen.

Dass wir also vom Zeitalter der Wikinger sprechen und manchmal ins Wikinger-Schwärmen kommen, obwohl einige sicher brutal waren? Das ist irgendwie kein Wunder, oder?

Wikinger steckten voll grenzenloser Energie, ob auf hoher See, beim Erkunden neuer Gegenden oder auch zu Hause. Auch beim fantasievollen Erfinden von Gesellschaftsspielen: Wusstet ihr, dass die Wikinger so etwas wie die ersten »Battle Rapper« waren? Ja, echt: Sie veranstalteten Wettkämpfe, bei denen sich die Teilnehmer kunstvoll beleidigten. Wichtigste Spielregel: es dem Gegner mit gleicher Münze heimzuzahlen, also weder bösartiger noch harmloser zurückzuschlagen. Gewinner war der, der die schlimmste Beleidigung erfand. Vielleicht sowas wie

»Schmieriger-Schiff-mit-Loch-Zimmerer« oder
»Triefäugiger-Schiefe-Gefäße-Töpfer«,

wer weiß? Unter den Wikingern befanden sich ganz bestimmt echt schräge Typen, und auch in Haithabu gingen sie ein und aus.

Dass wir Archäologinnen und Archäologen die Chance haben, diese Stadt auszugraben? Das ist einfach grandios. Dass noch unendlich viele Archäologen hier Arbeit finden werden? Auch das ist doch wunderbar! Erst ein kleiner Teil der Stadt ist nämlich erforscht. Und immer wieder winkt uns Johanna zu, der nichts wichtiger war, als dass wir etwas über die Menschen herausbekommen.

Aber jetzt erstmal genug gequatscht. Lassen wir uns überraschen, was Haithabu in Zukunft noch an Geheimnissen über die Wikinger enthüllen wird.

Sophus Müller machte seinem Namen alle Ehre, er wurde Prähistoriker, hatte zeit seines Lebens viele gute Ideen und machte kluge Entdeckungen. Dass er auch noch das Gebiss seiner Urgroßmutter zwischen den Dielen des Wohnzimmers gefunden hat, stimmt übrigens nicht!

Johanna Mestorf war eine ganz besondere Wissenschaftlerin und als »Frau Professor« eine Seltenheit. Sie sorgte zum Beispiel dafür, dass das Danewerk untersucht und erhalten wurde. Ihr ist es auch zu verdanken, dass Haithabu ausgegraben wurde. Ohne sie wüssten wir noch weniger über die Wikinger! Sie bekam mehrere Auszeichnungen, sogar Straßen wurden nach ihr benannt! Das Museum Vaterländischer Altertümer heißt schon längst nicht mehr so, allerdings auch nicht Museum »Mutterländischer« Altertümer.

Fritz, Friedrich Knorr, grub in Haithabu aus, als Johanna Mestorf seine Chefin im Museum in Kiel war. Später wurde er ihr Nachfolger, also selbst der Direktor des Museums. Dass er Knorr hieß und knorrig dreinblickte, weil er so viele Gräber ausgrub und ständig Skeletten in die Augenhöhlen blicken musste? Das wäre verständlich, ist aber Quatsch.

Und was ist aus all den LEUTEN geworden?

Herbert Jankuhn wurde, kaum war der Krieg zu Ende, verhaftet und blieb 3 Jahre im Gefängnis. Obwohl er mit den schlimmsten Nazis zusammengearbeitet hatte, machte er in Deutschland nach dem Krieg Karriere, bekam sogar wieder Forschungsaufträge und durfte für einige Jahre noch einmal in Haithabu graben. Er wurde sogar Professor und bekam für seine archäologischen Verdienste viele Auszeichnungen.

Kurt Schietzel forschte viele Jahre in Haithabu. Seine Idee, dort ein Museum entstehen zu lassen, ist längst umgesetzt und begeistert die Menschen. Dafür wurde er, vollkommen zu Recht, hoch geehrt. Ob er gelegentlich, als Wikinger verkleidet, durch Haithabu spaziert und sich über den lebendig geworden Ort freut? Das weiß nur er …

Sonja Horn haben wir uns ausgedacht. Sie steht stellvertretend für die vielen Archäologinnen und Archäologen, die in Haithabu geforscht haben und noch forschen werden. Vor allem aber für sie: für Frau Dr. Ute Drews, die 30 Jahre lang Museumsdirektorin in Haithabu war. Sie machte das, was sich Johanna Mestorf so gewünscht hatte, nämlich mehr über die Menschen von damals herauszufinden und zu zeigen. Damit begeisterte sie Millionen Museumsbesucher und sogar die dänische Königin.

DAS SCHATZSUCHER-
Kelle
Bleistift
Meißel
Kelle
Hammer
Spaten
Absperrband
Eimer
Maßstab
Lineal

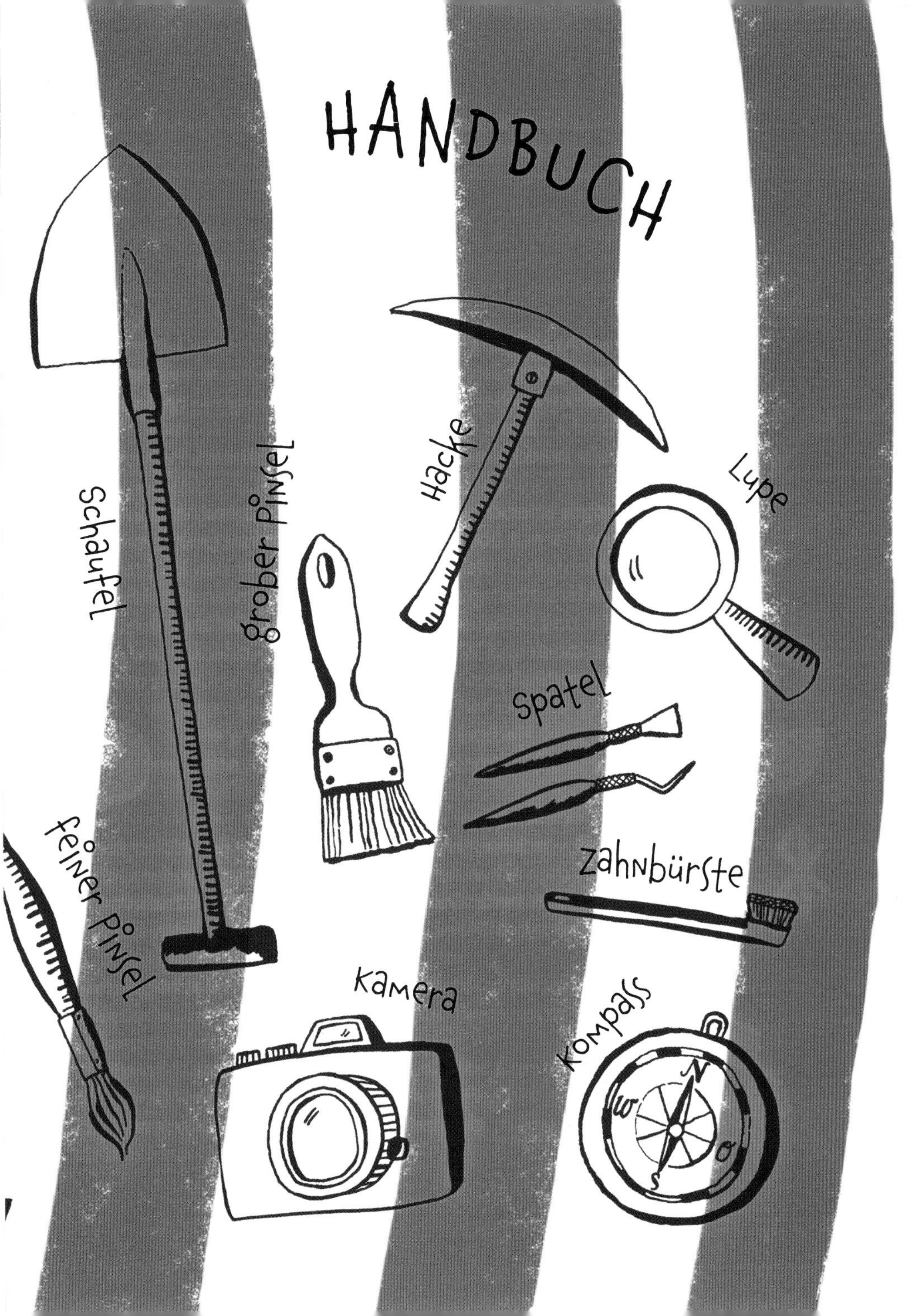

HANDBUCH

Schaufel

grober Pinsel

Hacke

Lupe

Spatel

Zahnbürste

feiner Pinsel

Kamera

Kompass

Hochbordig ist ein Schiff dann gebaut, wenn sein oberer Rand (der Bord) besonders hoch gebaut ist.

Hörnerhelme auf Wikingerköpfen hat es nie gegeben. Sie sind die Erfindung eines Opernkomponisten des 19. Jahrhunderts.

Karolingisch bezieht sich auf Karl den Großen und sein westgermanisches Frankenreich.

Als **Knarr** oder auch Knorr bezeichneten Wikinger ihre Schiffe einer besonders stabilen Bauart. Mit ihnen transportierten sie Lasten, nutzten sie aber auch für Fahrten ins Unbekannte, segelten damit zum Beispiel bis Amerika. Benannt war die Knarr nach dem knorrigen Ast, der ursprünglich den *Steven* bildete.

Kolumbus, Christoph gilt noch immer als »Entdecker« Amerikas, obwohl die Wikinger rund 500 Jahre vor ihm dort waren.

Ein **Kulturdenkmal** ist ein von Menschen geschaffenes Werk, das von besonderer Bedeutung für die Menschheit ist. Wer ein Kulturdenkmal findet, muss das der zuständigen Stelle melden. Ob es sich um ein echtes Kulturdenkmal oder um Schrott handelt, sollte man Fachleute entscheiden lassen. Wichtig zu wissen: Kulturdenkmäler werden bei uns durch Gesetze geschützt, wer dagegen verstößt, begeht eine Ordnungswidrigkeit oder macht sich strafbar.

Mittelalter ist ein Abschnitt in der Geschichte. Es liegt zwischen Altertum und Neuzeit, begann etwa 500 und endete um 1500 n. Chr.

Nationalsozialisten regierten von 1933 bis 1945 in Deutschland. Sie begingen viele Verbrechen und waren dafür verantwortlich, dass Millionen von Menschen starben und umgebracht wurden.

Prospektion, geomagnetische und geophysikalische
Überall dort, wo Menschen gewirkt und den Boden verändert haben, finden sich andere magnetische und auch sonstige Strukturen

als in dem restlichen Erdreich. Solche Strukturen kann man messen und aufzeichnen. Auf diese Weise können ganze Stadtpläne erstellt werden.

Quellen sind alle Texte oder Gegenstände, aus denen man etwas über die Vergangenheit ableiten kann.

Runen sind Schriftzeichen der *Germanen*, die auch die Wikinger verwendet haben. Sie waren vom 2. bis zum 15. Jahrhundert in Gebrauch.

Saga bedeutet »Bericht«. Diese schriftlich überlieferten Werke sind typisch für die Kultur der nordischen Völker.

Der **Steven** ist eine in beide Richtungen hochgezogene Verlängerung des Kiels. Vordersteven ist der vordere Abschluss eines Schiffsrumpfs, Achtersteven entsprechend der hintere.

UNESCO Welterbe Die UNESCO beschützt all die Orte, die sehr besonders und deshalb für ALLE Menschen wichtig sind. Auch Haithabu gehört dazu.

Ur- und Frühgeschichte oder auch Vor- und Frühgeschichte ist die Wissenschaft, die sich mit der Zeit der Menschheitsgeschichte beschäftigt, aus der es noch keine schriftlichen Zeugnisse gibt. In Schleswig-Holstein ist diese Zeitspanne besonders lang. Die Wissenschaft der Ur- und Frühgeschichte spielt hier deshalb eine besondere Rolle.

Ein **Warenumschlagplatz** ist ein Ort, an dem Güter von einem Transportmittel in ein anderes geladen werden.

Als **Zeitalter** bezeichnet man einen wichtigen Abschnitt in der Geschichte der Menschheit.

Spannend wie ein Krimi: Die Sachbuchreihe »Dusty Diggers« über die wichtigsten archäologischen Funde in Deutschland und der Welt

Wir erzählen mit dieser Reihe Geschichten von der Vorzeit bis zur Neuzeit:

Band 1: **Auf der Jagd nach der krassesten Pizza der Bronzezeit**
Die Geheimnisse der Himmelsscheibe von Nebra
ISBN 978-3-86502-446-6

Band 2: **Gekrächze aus der Urzeit**
Das Geheimnis des Urvogels Archaeopteryx
ISBN 978-3-86502-460-2

Band 3: **Wilde Wikinger in Sicht**
Das Geheimnis von Haithabu
ISBN 978-3-86502-466-4

Band 4: **Die mausetoteste Mumie aus dem Alten Ägypten**
Das Geheimnis von Tutanchamun
ISBN 978-3-86502-486-2

www.seemann-henschel.de
www.facebook.com/seemanns.bilderbande
www.instagram.com/seemann_henschel_verlagsgruppe

Projektmanagement: Caroline Keller
Lektorat: Laura Kaiser, Berlin; Cara Metzger, Leipzig
Layout und Satz: Barbara Hinz, Leipzig, bureaubara.de
Herstellung, Druck und Bindung: feingedruckt – Print und Medien, Neumünster, feingedruckt.de

Nachhaltig produziert nach Kriterien des Ökolabels Nordic Swan, zertifiziert: Material FSC®-zertifiziert

Bibliografische Information der Deutschen Nationalbibliothek
Die Deutsche Nationalbibliothek verzeichnet diese Publikation in der Deutschen Nationalbibliografie; detaillierte bibliografische Daten sind im Internet über http://dnb.dnb.de abrufbar.

ISBN 978-3-86502-466-4

HAITHABU